AF262427

DISCOURS

PRONONCÉ A CHALONS,

LE DIX PRAIRIAL AN V.^e,

JOUR DE LA FÊTE

DE LA

RECONNAISSANCE,

En présence du Peuple et des Autorités constituées,

Par J. Charron, Président du Département de la Marne.

Imprimé d'après le vœu de l'Assemblée.

DE L'IMPRIMERIE DE MERCIER, RUE DE BREBIS.

DISCOURS

PRONONCÉ A CHALONS,

LE DIX PRAIRIAL AN Vme,

JOUR DE LA FÊTE

DE LA

RECONNAISSANCE,

En présence du Peuple et des Autorités constituées.

« La vengeance qui suit l'injure, comme la mescognoissance
« le bienfaict, est une très-violente passion, mais non pas
« de beaucoup près si vilain et difforme vice que l'ingratitude.
Ingratus est qui metu gratus est.
Charron, de la Sagesse ; Livre III. Chap. XI.

L'OUBLI dans lequel sont tombés de
grands services et de grandes réputations ;
l'ostracisme en vigueur chez quelques nations

libres ; la facile et trop funeste habitude de se dégager de la reconnaissance envers les bienfaiteurs de la société , semblaient avoir sanctionné cette désespérante sentence : *L'ingratitude est la vertu des Républiques.*

Méditant sur les malheurs qui résultent de l'ingratitude , mais après avoir approfondi le caractère national , caractère léger , mobile , il est vrai , cependant sensible , aimant , et disposé à la bienveillance , le Législateur a dit : *L'ingratitude ne sera pas la vertu de la République française ;* elle déssèche , elle flétrit les ames ; elle détruit l'esprit public ; elle corrompt les affections les plus douces ; c'est le vrai péché contre nature.

La RECONNAISSANCE , au contraire , est dans la nature : les bêtes les plus farouches en ont donné des exemples sensibles. C'est le témoignage d'une belle ame ; c'est un sentiment plus épuré que celui qui inspire les bienfaits toujours mélangés d'amour-propre et d'intérêt ; c'est enfin de tous les devoirs le plus facile à remplir : *il n'y a qu'à laisser aller son cœur.*

Consacrons donc une solemnité à l'expansion de ce sentiment si doux , à ce besoin de tous les momens. S'il n'y a rien que de lâche et de honteux à méconnaître les bienfaits, il ne doit y avoir rien que de juste, d'utile, de célébrer une fête à la Reconnaissance : non, l'ingratitude ne sera plus la vertu des Républiques. Réunis à certaine époque, les Citoyens Français *laisseront aller leurs cœurs* au doux plaisir qu'inspire le souvenir des vertus publiques et des actions utiles.

Ainsi a pensé, senti le Législateur ; et une loi juste, sage, honorable pour les Français, facile à exécuter, ordonne aux Magistrats d'acquitter tous les ans la dette de la société.

Mais, toutes les institutions nouvelles n'obtiennent pas à l'instant de leur création les succès qu'elles méritent ; les fêtes publiques sont encore sans pompe et sans attraits. Ne nous le dissimulons pas ; c'est la réunion des volontés et des espérances, qui imprime aux cérémonies civiques le caractère imposant qu'on desire y trouver ! Si elles sont languissantes, dépourvues de ce solemnel qui attache, émeut, élève l'ame, le temps viendra sans doute où sa confiance établie, et n'ayant plus à regretter l'absence des fêtes du culte qu'il aura choisi, le Peuple, réuni autour de ses Magistrats , se persuadera que la solemnisation des fêtes civiques , chez un peuple belliqueux et conquérant, tire tout son éclat de sa présence et de leur simplicité..

En attendant ce moment si longuement désiré, Dieu , la Patrie, nos enfans, n'appellent-ils pas nos regards , notre admiration , notre Reconnaissance ?

Ah ! quand le Législateur, pour célébrer la solemnité de ce jour, a choisi , désigné le mois le plus beau de l'année , c'est qu'il a prévu qu'à cette brillante époque , où la nature se décore de ses plus riches ornemens, les mortels admirant ce prodige d'une création perpétuelle , béniraient le souverain Dispensateur de tant de bienfaits , et sans étude, sans effort, laisseraient aller leurs cœurs au doux sentiment de la Reconnaissance.

Quoi ! l'air embaumé des plus délicieuses odeurs ; ces émanations balsamiques, filles du printemps et de la végétation ; cette force expansive de tous les êtres créés, l'un vers l'autre entraînés ; ces arbres, hier couverts de frimats, aujourd'hui arrondissant leurs bras flexibles sous les guirlandes odoriférantes , nuancées de toutes les couleurs ; ces allées ombreuses , où l'ame poussée vers la contemplation , ressent, découvre par-tout l'existence d'un Dieu puissant et tutélaire; ces riches guérets qui , s'échappant à peine des glaces des hivers , balancent leurs têtes couvertes de fleurs et présagent l'abondance ; ce miracle continuel de vie , de bonheur , d'espérances et de délices ! Ah ! combien tous ces prodiges , qui s'échappent par torrens du sein de l'Éternel , doivent nous inspirer d'admiration , et nous rendre cher le mois brillant de Prairial ! (*).

Lorsque les Institutions auront reçu leur sanction de l'opinion publique , ce sera dans ce jour solemnel que des hymnes sacrés seront d'abord chantés pour louer le créateur de l'Univers. Libre dans l'exercice du culte antique de ses pères, comme dans la croyance

---

(*) Toi, qu'annonce l'aurore, admirable flambeau ;
Astre toujours le même, astre toujours nouveau,
Par quel ordre, ô Soleil, viens-tu, du sein de l'onde,
Nous rendre les rayons de ta clarté féconde ?
Tous les jours je t'attends ; tu reviens tous les jours.
Est-ce moi qui t'appelle et qui règle ton cours ?
Et toi, dont le courroux veut engloutir la terre,
Mer terrible, en ton lit quelle main te resserre ?
Pour forcer ta prison, tu fais de vains efforts :
La rage de tes flots expire sur tes bords.

(*Racine le fils , Poëme de la Religion.*)

des dogmes de sa religion, et sortant des temples qui lui sont consacrés, chacun viendrait encore sous les portiques populaires célébrer les bienfaits de la Providence.

Ensuite, cet acte si saint, si juste, si consolant, accompli, les fastes de l'histoire glorieuse des Français s'ouvriront à nos regards, et parcourant ses pages véridiques, peut-être des noms illustrés par des faits éclatans mais oubliés, seroient-ils offerts à l'exemple de la génération.

C'est alors que vous paraîtrez dans tout votre éclat, indomptables Légions françaises ; après avoir traversé tant d'orages, de factions, de misères ; après avoir fatigué, pour ainsi dire, toutes les nations du fardeau de votre gloire ; après avoir jeté les fondemens de notre prospérité, vous recevrez chaque année dans nos cérémonies publiques, le tribut d'éloges auquel vous avez tant de droits : les bénédictions de la postérité sont la récompense des Héros.

Mais pourquoi, devançant l'avenir, ce concert d'éloges mérités, qui doit se prolonger sur le torrent des âges, et dont les Nations alliées ou vaincues laissent échapper l'indispensable tribut, ne se ferait-il pas entendre dans l'intérieur de la République? Sommes-nous condamnés à la perpétuité de l'injustice ? Pourquoi nos armées, nos Magistrats, nos Sénateurs et nos bonnes lois, n'appelleraient-ils pas les témoignages de notre vénération et de notre reconnaissance ? et si, craignant de trouver un champ trop vaste, nous nous arrêtons à l'année qui vient de s'écouler, pourquoi suspendrions-nous les élans de notre joie ? . . . Mais, quels accens assez dignes ! quelle voix assez éloquente ! quelle mémoire assez soutenue, pourraient nombrer, parler de tant de merveilles !

Cent soixante-onze victoires, dont trente-six en batailles rangées ; soixante-huit mille neuf cent cinquante ennemis tués ; cent vingt-quatre mille huit cent trente-sept prisonniers de guerre ; cent cinquante-une villes importantes ; deux cent trente-six forts ou redoutes ; quatre mille bouches à feu ; quatre-vingts mille fusils ; cent trente-cinq drapeaux ; trois mille neuf cent trente-six chevaux enlevés : tel est, Citoyens, le sommaire des succès éclatans obtenus par les troupes de la République, depuis le 15 pluviôse an 3, jusqu'au premier ventôse an 5. Quels argumens victorieux contre l'imbécille jactance des sceptiques et des plats discoureurs qui nous obsèdent !

Et cet homme, si modeste dans ses succès, si prudent dans la prospérité, si calme au milieu des batailles, dont il règle à l'avance les évènemens ; ce génie inventif qui, par des routes inconnues et des moyens nouveaux, remplit le monde de son nom, de sa gloire ; ce soldat à qui le conseil des Sages prodigue les noms d'Épaminondas, de Scipion, d'invincible, et ne trouve rien chez les modernes qui puisse lui être comparé ; BUONAPARTE enfin ! Nous sera-t-il permis d'en parler ? nous accusera-t-on d'engouement, de délire, si à son nom nous nous sentons saisis de respect, d'admiration et de reconnaissance !

Ah ! quoiqu'en disent les pygmées de tous les partis, on n'effacera pas plus de l'histoire que des souvenirs, ni ses combats, ni ses services, ni ses inconcevables succès : elle ne sera pas oubliée non plus, cette lettre écrite par lui à l'armée d'Italie ; ce monument de modestie, de bravoure et d'espérance :

« Vous avez remporté, dit-il à ses fidèles

compagnons d'armes , vous avez remporté la victoire dans quatorze batailles rangées et soixante-dix combats : vous avez fait plus de cent mille prisonniers ; les contributions que vous avez mises sur les pays conquis, ont entretenu l'armée pendant toute la campagne : vous avez en outre envoyé trente millions au Ministre des finances , pour le soulagement du trésor public ; vous avez enrichi le *muséum* de Paris de plus de trois cens objets , chef-d'œuvres de l'ancienne et de la nouvelle Italie , et qu'il a fallu trente siècles pour produire ; vous avez conquis à la République les plus belles contrées de l'Europe ; les couleurs françaises flottent pour la première fois sur les bords de l'Adriatique ; les rois de Sardaigne , de Naples , le Pape , le duc de Parme , ont brigué votre amitié ; vous avez chassé les Anglais de Livourne , de Gènes , de la Corse ; . . . . mais vous n'avez pas tout achevé. . . . . Il faut aller chercher la paix dans le cœur des états héréditaires de la maison d'Autriche. . . . . »

Ainsi parlait Buonaparte il y a trois mois. Nous savons s'il a tenu parole et si ses succès ont besoin de nouveaux commentaires. Ainsi la plume de César préparait dans ses camps les succès de ses armes, et répandait jusqu'uaux extrêmités de la terre la renommée des légions romaines.

En examinant le cours ordinaire des choses et les communes destinées, peut-être verrons-nous la gloire de ce jeune conquérant se recouvrir du crêpe fatal de l'oubli. On se lasse d'une trop longue admiration : mais s'il paraît si commode à la faiblesse humaine de s'acquitter par l'ingratitude, il n'est pas facile du moins d'imposer silence à l'avenir. Tôt ou tard la vérité déchire les voiles dont les passions veulent l'envelopper.

Le jour de la Reconnaissance nous impose l'obligation de repousser loin de nous, et les funestes craintes, et les douloureux souvenirs. Laissons s'agiter l'envie, et cédons quelque chose aux malheurs des circonstances. Les révolutions si terribles, qui ont fatigué, ébranlé jusques dans ses fondemens l'antique Empire des Francs, ont froissé tant d'intérêts, bouleversé tant d'idées reçues, assourdi tant de conceptions, qu'il faut se garder de se roidir avec trop de force contre les défiances, et les soupçons, et les inquiétudes. S'il en était autrement, si l'observateur ne remontait pas à cette funeste source de l'agitation et de la longue enfance de l'esprit public, de quel œil verrions-nous la tourbe parlassière et inconséquente des frondeurs se venger de sa nullité par des sarcasmes et des quolibets? Pardonnerions-nous à ces hommes si vains, si insolens, quand souffle le vent de la prospérité pour laquelle ils n'ont rien fait ; si pusillanimes dans la publique adversité, si tranchans sur les réputations qu'ils ne peuvent ni détruire, ni apprécier ; si irrespectueux envers les Autorités constitutionnelles, tout en criant contre l'anarchie, lorsqu'il y a quelques jours ils rampaient aux pieds d'un proconsul révolutionnaire ? Si les circonstances ne faisaient pas un devoir de l'indulgence, garderions-nous plus long-temps le silence enfin, devant ces hommes dont toute la science réformatrice et législative se compose de quelques lignes incohérentes de tel ou tel journal de parti, dont l'esprit nourri de toutes les inconséquences, et le cœur plein de la morgue de tous les despotismes, n'enfantent à la journée que de fades plaisanteries ou de plates diatribes, et veulent cependant endoctriner et régenter le monde.

Non, ce ne sera point à ces hommes

passionnés que nous dirons : Venez fêter le jour de la Reconnaissance. On ne peut désirer ce qu'on ne connaît pas. Mais aux bons Citoyens, à ceux même dont l'opinion flottante ne sait encore où elle doit se fixer, et devant vous, Citoyens, qui partagez notre amour des lois, de l'ordre, de la liberté ; nous oserons avec vous avoir le courage de la justice ; et portant nos regards autour de nous, placés dans la sphère du sage, contemplant sans passion comme sans prévention les choses, les temps, les lieux et les personnes, nous dirons : Les Législateurs et les Magistrats qui ont soutenu l'Etat sur le penchant de sa ruine, méritent les témoignages de notre reconnaissance.

Si nos armes sont victorieuses, si nous leur devons des espérances, si sortis du cahos de l'anarchie et de tous les désordres dont nous ressentons encore toutes les blessures, nous respirons un air plus pur ; si nous ne disputons plus un pain vil et grossier à l'avide cupidité ; si quelques formes d'ordre s'établissent, ne devons-nous pas aussi quelque chose à ces hommes vigoureux et fortement trempés, qui sans ressource, sans argent, sans consistance, et disons-le, sans la confiance publique , au milieu de tous les débris , de toutes les haines et de toutes les incertitudes, ont audacieusement saisi le timon de l'Etat ?

Dira-t-on que c'est le concours de toutes les volontés qui a produit la merveille de notre existence politique ? Mais on a répété, on le sent assez tous les jours, que cette réunion est impossible: on a dit jusqu'à la sa-tiété que la volonté du Peuple était un mot vuide de sens , un être de raison. Dira-t-on que l'Empire ne subsiste plus que par la vie qu'il a reçu de ses anciennes institutions ? Mais on ne cesse de crier que notre Consti-tution n'est qu'un *imbroglio* d'idées crues, nouvelles, qui ne viennent de nulle part, qui ne ressemblent à rien de ce qui s'est fait et que tout mouvement régulier est détruit. Dira-t-on enfin que , tombant de lassitude et sans volonté , le Peuple a laissé faire ? Mais l'inertie ne produit pas le mou-vement ; mais s'il a été fait quelque chose de bon , de louable , c'est à quelqu'un que sont dus les avantages qui en sont résultés.

Qu'honneur soit rendu aux défenseurs de la Liberté, de nos Lois et de nos Pénates ; Honneur , mille fois honneur aux Fondateurs de la Constitution de l'an 3 ! mais que justice aussi soit rendue à ceux qui, poussés par les factions, tourmentés par tous les intérêts ; environnés de toutes les immoralités , de tous les besoins, de toutes les erreurs, abreuvés de tous les outrages, mais rachetant les torts d'avoir appartenu à des temps malheureux, offrent à l'Univers , étonné peut-être du système d'avillissement que l'on voudrait établir, le volume immense de leurs faits. Peut-être l'humanité en pleurs arrachera-t-elle de ces fastes le nécrologe de vendémiaire; peut-être la sévérité , l'inflexible sévérité de la génération présente, en retranchera-t-elle quelques pages contristantes ; mais que de lignes immortelles seront transcrites et conservées par la justice pour être offertes à la reconnaissance de nos neveux.

Si le cri de l'innocence ne peut démasquer l'injustice ; si les hommes du Peuple deviennent impunément son opprobre et ses tyrans ; si leurs volontés arbitraires sont suivies d'une obéissance aveugle ; si leur autorité constamment caressée, encensée , remplace celle de la loi méconnue, alors la liberté est perdue ; alors toute la puissance du Peuple doit provoquer la toute-puissance de la loi. Mais entre la perpétuelle défiance,

entre

entre l'inquiétude qu'excite chez une Nation libre le sentiment de la force des Gouvernemens , et les calomnies parlées ou écrites qu'on croit être l'accent de la vérité , et qui n'est que celui de la désorganisation , n'est-il donc pas un point milieu que doit saisir l'opinion , et que la justice doit tracer à la raison ?

Et puis , quelle est donc cette funeste jouissance d'empoisonner si constamment la vie des hommes publics ? quel bien peut méditer , peut enfanter un cœur flétri par l'injustice et l'ingratitude ? Sont-ils invulnérables aux traits de la méchanceté , sont-ils donc trempés dans le Styx , les hommes appelés à gouverner leurs semblables ? et ne se rappellera-t-on jamais que chez les peuples les plus libres , qui ne croyaient pas qu'une calomnie pût enfanter une bonne action , les magistratures étaient respectées et environnées de la considération dont aucune magistrature française n'est encore investie ? (*).

____

(*) La Liberté de penser en matières politiques, fut portée chés les Grecs et les Romains aussi loin qu'elle peut l'être dans un état républicain; mais elle servait à entretenir l'amour de la chose publique, à fixer tous les yeux sur ses véritables intéréts : jamais un Citoyen petit ou grand, ne

B

Mais, n'oublions pas que si ce jour est consacré à la Reconnaissance, aucun souvenir déchirant n'en doit attrister la solemnité. N'examinons donc pas le Peuple, je me plais à le répéter, ne l'examinons pas à travers les nuages et les tourbillons qui ont trop long-temps fatigué sa marche et dénaturé son opinion.

Le jour de la vérité va luire. L'harmonie sociale se rétablira ; et ce sera vous, Sénat auguste, qui allez consolider la prospérité nationale ; vous, Conseil des Sages, qui avez répandu tant de bienfaits ; vous,

---

l'employa contre la gloire ou le bonheur de son pays. Quel Romain eut osé dire un mot en faveur d'Annibal où de Mithridate ? Quel Grec eut avili Léonidas et Themistocle par les louanges de Xerxès ! Ce grand peuple Romain, dans ses agitations fréquentes, souvent conduit, quelquefois égaré par ses tribuns, mais toujours digne de ses destinées, ne proposa et ne souffrit jamais la moindre lâcheté. Ces étonnans Spartiates, enfans d'un rigoureux devoir et d'une austère discipline bien loin de se permettre le plus léger écart, ne parlaient qu'avec une vénération profonde de leurs institutions dont ils s'entretenaient sans cesse, et pensaient avec justice que le respect des Magistrats était inséparable du respect des Lois. Ces Athéniens eux mêmes, peuple spirituel et brouillon connu par sa malignité, qui chassait Aristide, empoisonnait Socrate, et prodiguait à ses bouffons les deniers du trésor public, ces Athéniens pourtant honoraient leur patrie, l'aimaient sincérement et auraient vomi de leur sein, exterminé peut-être le lâche qui l'eut dégradée. (*Lettre à certains Journalistes*, page 26.)

nouvelle portion bien chère de la Représentation nationale, dont le choix libre et l'admission à l'Aréopage, sanctionnent puissamment l'Acte constitutionnel des Français. Vos talens connus, épurés par les revers, agrandis par nos triomphes ; votre courage, votre systême de justice distributive se manifestent solemnellement dès vos premiers pas dans la carrière ; de grands évènemens ont préparé votre marche législative. Vous arrivez avec toutes les espérances, mais aussi avec toutes les douleurs : que de succès à obtenir ! que de maux à réparer ! Les laves révolutionnaires ne dessècheront plus nos institutions ; et sans doute vous allez vous occuper du soin de bonifier le régime administratif de l'intérieur. La lassitude, l'apathie, l'insouciance et la multiplicité des lois circonstancielles, ont fait déserter les places municipales, ou les livrent à l'incurie, à l'impuissance. Vous ravivrez cette source de l'ordre public que vous environnerez de la considération. (*).

(*) Il y a longtemps que l'expérience démontre l'insuffisance du régime administratif. Les deux véhicules les plus puissans, la considération ou le profit, manquent à son institution. Si les fonctions des agens municipaux leur attiraient la considération de

Pour sonder avec plus de succès toutes les plaies de l'État; pour y appliquer les remèdes

leurs concitoyens, nulle doute que, quelle que soit la misère publique, on n'entendrait pas réclamer des indemnités pour les peines trop multipliées qui les accompagnent. Une chose de la plus haute importance, digne de la plus prompte comme de la plus sérieuse attention du législateur, c'est que l'état civil, comme la fortune des citoyens, sont évidemment compromis depuis long-temps, par une suite nécessaire de l'organisation actuelle des Administrations intermédiaires, et de la composition des agences des communes rurales.

Dans chacune de ces Communes il y a un agent et un adjoint ; l'Administration municipale du Canton se forme de la réunion de ces agens, qui dans leur commune respective, remplissent les fonctions d'Officier public ; c'est-à-dire, rédigent et conservent dans un registre *ad hoc* les actes de naissance, de décès et de mariage des Citoyens. Dans les communes les moins populeuses, il y a toujours de ces actes à rédiger. La loi veut que l'Officier public s'assure, par lui-même et par l'inspection, du décès du Citoyen dont il doit rédiger l'acte mortuaire ; ensuite, sans pompe, trop souvent sans décence, ayant quelquefois pour toute marque distinctive, sur l'habit destiné au travail, un ruban tricolore, il préside aux funérailles révoltantes, contre lesquelles la Nature, la Philosophie et l'expérience réclament si vainement. Il faut que ce fonctionnaire sache écrire, qu'il écrive lisiblement, qu'il connaisse la nécessité de bien constater, par son acte l'identité des noms des personnes, des témoins, et qu'il se déplace de ses occupations journalières.

Ce n'est pas tout ; cet Officier public, comme on le voit, est agent municipal. Sous cette qualité il est chargé de l'execution des lois de police, de surveillance et d'ordre dans la commune qui l'a choisi. C'est lui qui doit veiller au recouvrement des contributions, dont l'assiète et la répartition offrent depuis long-

salutaires que vous indiquera l'expérience que
vous avez acquise dans vos méditations sur

---

camps à l'homme le plus instruit des difficultés nombreuses. Res-
ponsable vis-à-vis de ses Concitoyens et souvent interrogé,
pressé, et plus souvent encore rebuté par eux, parce qu'ils
souffrent, il doit quitter ses travaux nourriciers, et deux fois
par décade, au chef-lieu d'Administration, recevoir, exécuter
les arrêtés du Département, y discuter les moyens d'ordre
public et communal confiés à ses soins. Là, dans ce lieu éloigné
de son domicile souvent de deux lieues, étranger à tous les
objets qui doivent y être traités, il doit s'occuper de finances,
de police civile, militaire, s'occuper enfin de la justice à rendre
aux Administrés.

Eh bien ! ces hommes qui sont appelés à constater l'état civil,
à transmettre aux familles des actes si précieux, à la société
les preuves de l'existence des Citoyens, de leurs alliances et
de leurs décès ; ces hommes, appelés à alimenter le Trésor
public avec le secours d'une multitude de lois détruites l'une
par l'autre ; beaucoup d'entr'eux ne savent pas lire ; plusieurs
souffrent tous les besoins ; beaucoup d'autres, au renouvellement
qui vient de se faire, nommés par la très-faible minorité de
la population, refusent d'accepter des fonctions pénibles,
ruineuses, et sur-tout dépopularisantes. Tel est l'état actuel
du régime administratif intérieur, que je suis loin de peindre
en son entier, mais que je ne puis taire, dût le blâme, dût
pis encore, récompenser mon zèle.

Sans porter atteinte à la Constitution ne peut-on pas, n'est-il
pas du plus pressant intérêt de simplifier le mouvement administratif ? La centralisation en gouvernement est une bonne con-
ception. Les constitutionnaires de l'an 3 ont reconnu cette
vérité ; mais je crains bien qu'un plein succès ne couronne pas
leur attente. Ils ont pensé que les Administrations de district
étaient une superfétation ; qu'on administrerait mieux et qu'il
en coûterait moins en leur substituant des Administrations de

la conduite des assemblées qui ont précédé
la vôtre , sans doute vous déchirerez les cent

---

canton. Cela pouvait être bon pour Paris ; mais pour les Dé-
partemens dont l'Administration centrale , composée de cinq
hommes , doit s'étendre sur trois ou quatre cens lieues quarrées,
correspondre par des chemins de traverse avec des communes
éloignées de 14 à 15 lieues , c'est autre chose. Le Département
de la Marne est composé de près de huit cens communes , et au lieu de 6 districts , de 73 Administrations municipales de cantons ; ce qui fait 73 districts ,
73 puissances , 73 manières d'administrer. La plupart de ces
Administrations sont livrées à un seul commissaire du Pouvoir
exécutif et à un secrétaire , qui ne peuvent, qui ne doivent
statuer sur aucune demande ; en sorte que , sans que ceux em-
ployés à ce système administratif reçoivent le juste salaire de
leurs travaux, les Administrations de canton, pour subvenir
à leurs dépenses , laissent appercevoir une masse considérable
de frais locaux à supporter par les administrés, qui ne sont
point ou mal administrés, et en dernier résultat *renvoient* à l'Administration départementale toutes les réclamations, *pour être statué
ce qu'il appartiendra.*

N'est-il pas bientôt temps de s'assurer s'il n'est pas indispensable de réduire au plus petit nombre possible les Corps
administratifs ? Ne pourrait-on pas , par exemple, laissant un
municipal par chaque commune , organiser par arrondisse-
ment de 80 à 100 communes, une délégation administrative ,
placée intermédiairement entre les Administrés, les Municipaux et le Département ? Composer ces délégations , ces com-
missions de trois Citoyens, présentés au nombre de neuf
par la réunion des agens municipaux des 80 ou 100 communes
à l'Administration départementale, qui , au scrutin, choisirait
les trois collègues ; bien entendu que ces Commissaires seroient
salariés de manière à les fixer exclusivement et entièrement à ce
poste honorable.

mille enveloppes du Trésor public , inutile-
ment arrosé de nos sueurs puisqu'il ne se
remplit jamais. Vous essaierez d'asseoir la
fortune publique , non pas sur des *maximum* ,
non pas sur les réquisitions , toujours odieuses,
toujours violatrices du droit sacré des gens ,
mesures qui dévorent les Citoyens et déses-
pèrent les bons Magistrats ; non pas sur les
emprunts forcés , non pas sur la taxe de
guerre , mais sur les bases de la justice ,
sur les produits libres , certains , consentis
des contributions invariables , proportionnées

Les cent communes fourniraient dix cantons dont les Assemblées administratives se tiendraient quatre fois par an; mais
le travail habituel , journalier , confectionné par la délégation
intermédiaire , serait renvoyé au Département qui , plus éclairé ,
plus sûr dans sa marche , n'épuiserait pas un temps précieux à
des questions de détail , à des travaux d'autant plus pénibles
qu'ils sont moins utiles au Gouvernement.

Dans tous les cas , Représentans , que vous examiniez cette
question importante ou que vous ne croyiez pas devoir lui ac-
corder l'attention dont elle paraît susceptible , il est temps du
moins de veiler à l'organisation actuelle du régime administratif, de presser les élus du Peuple d'accepter leurs fonctions ,
de confier l'état civil des Citoyens en des mains sûres ; d'indem-
niser les Agens municipaux du sacrifice qu'ils font de leurs veilles
et souvent de leur amour-propre. Le temps presse ; il y a telle
commune du vaste territoire confié à nos soins, où, quels que soient
nos efforts, nos prières , les Citoyens sont sans Magistrats. Que
peut une Administration départementale contre une pareille
défection !

aux richesses du sol et de l'industrie, et dont chacun, alors qu'elles seront simples, connues, positives, s'empressera d'acquitter le tribut.

Vous assurerez la durée de la fortune publique par le respect inaltérable des propriétés; mais portant un œil inquisitorial dans le dédale des opérations financières, vous examinerez le gouffre dans lequel se sont engloutis tant de trésors; comment celles de la Nation, ses ressources immenses ont été dispersées, dilapidées; par quels moyens le brigandage et la crapule, triomphans de tous les obstacles, et seuls bénéficians de la détresse publique, étalent aujourd'hui leur luxe insolent et grossier dans ces palais naguères achetés à vil prix; et sans doute que par des lois sages, faites pour consolider les engagemens de la République et rassurer la confiance, vous appelerez au soulagement de l'État la classe de ceux qui se sont enrichis au partage de ses dernières dépouilles.

Tant que l'exercice d'un culte n'aura rien de contraire aux lois constitutionnelles, laissant à chacun ses opinions religieuses et ses dogmes, vous ne voudrez plus, ainsi que vient de le dire l'un de vos courageux collègues, vous ne voudrez point vous interposer entre Dieu et l'Homme.

Las des secousses politiques et révolutionnaires, mais n'accusant pas la liberté des torts de la licence ; constitutionnellement républicains , mais effaçant du vocabulaire français, et ces mots barbares ou grossiers, qui déshonorent autant notre langage qu'ils accusent nos mœurs, et ces dénominations, factieuses autrefois , imbéciles aujourd'hui , faites pour réveiller toutes les haines et tous les sentimens douloureux, vous vous montrerez ce que vous êtes , les dignes, les véritables, les respectables Représentans de la plus grande Nation de l'Univers.

Après avoir célébré les bienfaits de la Providence , formé des vœux pour sa Patrie, témoigné notre vive reconnaissance à ses défenseurs, à ses soutiens , si les solemnités civiques avaient reçu leur sanction de la confiance et de l'usage , paraîtraient ensuite nos familles. *Dieu, la Patrie, nos Enfans.* La piété filiale, les vertus privées trouveraient aussi leur récompense dans les applaudissemens du Peuple et de ses Magistrats. Que de traits ignorés , perdus dans l'obscurité , enflammeraient le courage , électriseraient les ames, y feraient germer l'amour du bien, du juste, de l'honnête !

Mais, pour alimenter la Reconnaissance publique des exemples nombreux de piété filiale et de vertus privées, il importe que la tourmente révolutionnaire n'étende plus nulle part ses funestes ondulations ; que l'horison français s'épure ; que les principes éternels de la morale, succédant à l'immoralité, à la dépravation, avivent l'instruction publique, dont tous les bons pères déplorent l'absence.

Quand donc ne gémirons-nous plus sur cette licence effrénée de la jeunesse que tout a causé et que rien ne réprime ? Quand notre sang sera-t-il rafraîchi par le spectacle consolant des vertus douces et paisibles ? Quand donc quelques larmes délicieuses s'échapperont-elles au spectacle, au récit des bonnes actions de nos fils ? Ah ! leur source n'est pas tarie ; j'en ai senti couler dans les champs, à la porte d'une chaumière !

Un vieillard vénérable, étendu sur l'herbe, dormait paisiblement ; sa tête était appuyée sur un gazon étroit et assez élevé ; ses cheveux blancs et rares flottaient sur son front serein ; comme le vieillard de Gesner , il avait l'air de s'être endormi après avoir prié l'Éternel , tant son sommeil paraissait riant et tranquille. Deux enfans jouaient assez près de lui , avec le bâton noueux qu'il avait laissé échapper. L'un d'eux voit la tête du vieillard se pencher , s'éloigner du gazon , entraînée par son poids et le sommeil , et prête à se heurter. O mon Dieu ! dit celui qui paraissait l'aîné ; mon vieux , mon bon père va se blesser ! Il dit ; quitte son jeu , se glisse doucement sous la tête séculaire , et , fier de sa pensée , fort de son respect filial , il fait de son corps un point d'appui à son aïeul qui continue son sommeil. . . . . . Trait obscur , trait sentimental , vous n'échapperez pas à l'ame sensible ; lorsque le philanthrope reportera sur toi , charmant enfant , ses souvenirs attendris , il dira que tu dois être un jour un bon Citoyen ; et quand nous aurons des solemnités vraiment civiques et des cœurs moins contristés , nous citerons avec enthousiasme des traits de cette es-pèce. (*).

(*) Non, toutes les vertus privées ne sont pas encore bannies du sol français ; il reste des familles où l'or des vertus antiques, enfoui dans l'obscurité , brillera d'un nouveau lustre , lorsque

Vous ne serez plus oubliés, vous serez vengés de l'ingratitude et de l'injustice, vous, Magistrats municipaux, qui consacrant vos veilles à la pénible exécution des lois, ne trouvez souvent, en échange de vos travaux, ignorés, gratuits, et pourtant continuels, qu'abandon, dédain et calomnie ; vous les recueillerez, n'en doutez plus, les témoignages de l'estime publique, cette estime unique objet de l'ambition d'un honnête homme. Et comment ceux, qui restent au poste où les place si souvent l'insouciance, seront-ils soutenus, encouragés, s'ils n'ont

---

la reconnaissance ne sera pas un mot vuide de sens. Il en est chez qui les vertus natives se manifestent à chaque moment du jour; où le respect filial, l'amour conjugal, les affections domestiques font oublier l'universelle démoralisation ; où l'on retrouve la franchise, la gaieté, la tranquillité helvétique; où les enfans instruits, éclairés par les préceptes d'un père adoré, chéri, sont vertueux sans effort et pensent tout haut, leur amour pour leurs parens, pour les malheureux et pour les lois. Quand la fièvre brûlante attache au lit de douleur le chef de l'une de ces familles, quand un malheureux réclame l'hospitalité, quand il y a une bonne action à faire, quels empressemens respectueux ! quelle obligeance ! non de cette obligeance compassée, et qui tracée seulement sur quelques plis de la bouche, ne prouve qu'une froide politesse ; mais de cette obligeance, celle de la vertu, de la piété filiale ou de l'amour de ses semblables. Il est dans la Champagne plus d'un Chalet pareils à ceux de la Suisse où J. J. se serait complu, et où Greuze aurait senti la nécessité de reprendre ses pinceaux.

jamais l'espérance de transmettre à leur postérité dont ils épuisent le patrimoine, la feuille du chêne civique qui croît pour les services rendus à la Patrie.

Reprenez avec courage, avec opiniâtreté le timon des affaires publiques, Administrateurs de toutes les Communes de ce territoire, vous nos Collaborateurs, nos amis, nos soutiens, vous qui avez déploré avec nous et qui avez eu tant à souffrir de la fatale ressource des mesures arbitraires que nous ne pouvions ni amoindrir, ni empêcher; suivez-nous dans la carrière qui recommence ; elle sera moins pénible. Vous êtes fatigués de l'inutilité de vos efforts ; vous êtes fatigués de l'injustice de vos sacrifices nombreux ; ce que vous appelez injustice du peuple n'est que le sentiment de ses maux. Vos sacrifices ne seront pas perdus. La République est triomphante. Voyez la paix s'avancer majestueusement dans nos murs et repousser loin d'elle, pulvériser ces vastes amas de lois arbitraires et désastreuses, couvertes des sueurs de nos concitoyens et de nos larmes!.... Rentrez avec nous dans le sentier de l'honneur pour travailler ensemble à l'affermissement de la Constitution, de la paix inté-

rieure et la renaissance de l'ordre et des
mœurs. Secondons de tous nos efforts et de
toutes nos volontés le vœu de nos Législateurs, pour qui la destruction des taches
inconstitutionnelles qui déparent notre Arche
sainte, est un besoin si pressant. La Patrie,
votre intérêt le choix de vos concitoyens,
et notre confiance, tout vous invite, tout vous
convie, tout vous ordonne de recommencer
le cours de vos travaux, devenus moins
pénibles, et dont l'avenir et de bonnes
lois diminueront encore le poids.

Tels sont vos devoirs et les obligations
que vous imposent la qualité de Citoyens
français et la dignité de votre existence
politique. En les remplissant ces devoirs,
vous ferez taire l'envie, vous n'aurez plus à
redouter l'ingratitude, et vous trouverez
dans les témoignages de l'estime publique et
dans la reconnaissance de vos Concitoyens, la
récompense honorable qu'ils devront à vos
services.

J. CHARRON.

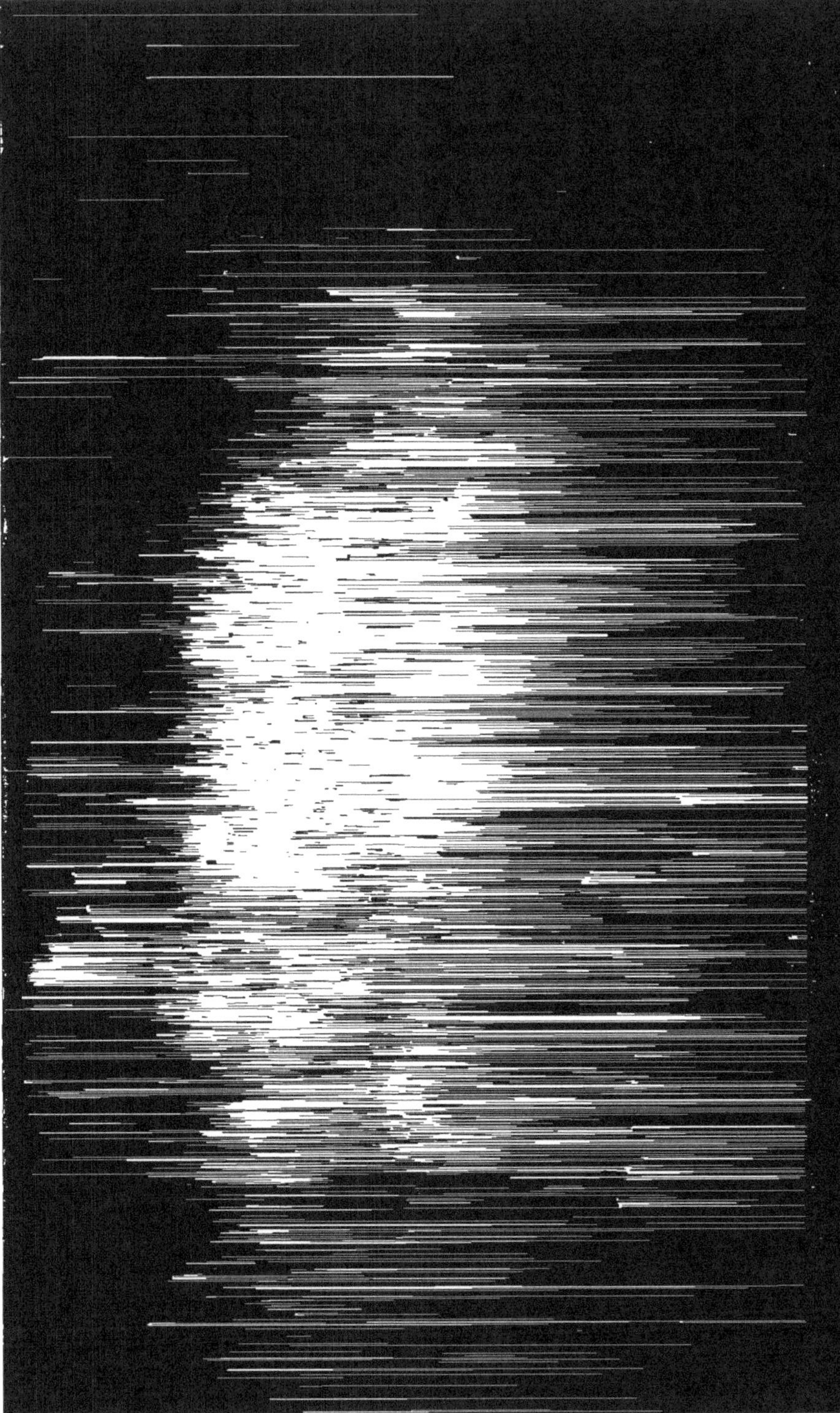